EL BRILLO
DE LOS VERANOS

Mar González

COLECCIÓN ITES

EL BRILLO DE LOS VERANOS

© Mar González
© Corrección ortotipográfica: Míriam Villares
© Fotografía de portada: Mar González
© de esta edición: Olé Libros, 2026

ISBN: 979-13-87951-60-3
Depósito legal: V-666-2026
Impreso en España

KALOSINI, S. L.
Grupo editorial olélibros
equipo@olelibros.com
www.olelibros.com

Para Juan, mi compañero de viaje.
Para mis hijos: Juan, David y Daniel.

|

Soy inmenso, contengo multitudes;
WALT WHITMAN, *CANTO A MÍ MISMO.*

Yo, universo inmenso, dentro,
fuera de ti, segura inmensidad;
JUAN RAMÓN JIMÉNEZ, *ESPACIO.*

Exvoto

Me bajo de los tacones.
Hoy, ahora mismo.
Es una liberación con nostalgia
que lleva tiempo en mi cabeza.
Los dejo nuevos, con su brillo intacto,
sin roces. Siempre he sabido llevarlos.
Esconden la huella de mi camino,
la certeza de una noche hermosa,
la actitud de un instante,
la plegaria de lo femenino.

Me bajo hoy con la premura de lo insostenible
y los entrego
como exvoto de una mujer que fui.

El patio

Mi infancia son recuerdos de un patio materno,
no había un limonero en él,
pero sí un pocito blanco;
apenas le llegaba la luz del sol
y sus paredes encaladas
reflejaban el brillo de los veranos.
El agua fresca cubría una pileta donde yo,
apenas cinco años,
chapoteaba con la inocencia de los días.

La abuela se sentaba a la fresca todos los días,
entonces, yo la miraba detenida en el tiempo.
¡Qué presente estaba la muerte en sus ojos!
Perdió en la lejanía de los días
a mi abuelo, cuando la guerra,
a su hermano, en los tiempos de prisión,
… la tristeza nunca la abandonó…

Hoy, que llueve
y que la primavera me habla
entre aguaceros y suaves brisas,
recuerdo aquel pequeño espacio
donde la memoria me ha llevado.
Tu infancia, hijo,
también es un patio blanco encalado,
que oculta y descubre la vida entre sus paredes
y dibuja una sonrisa entre mis labios
cuando tú lo habitas.

RUIDO

Una niña sentada sobre una lágrima,
era domingo
—lo recuerdo bien—.
Llevaba trenzas y
los labios pintados de fresa.
Calcetines blancos de puntilla
para jugar después de misa
—veinticinco pesetas para endulzar el domingo
y olvidar quizá aquel ruido—.

Nadie supo jamás
que en sus manos,
dormida la tristeza,
acunaba los domingos.

Tu espacio

Me estabas esperando
entre los versos de este poema,
alzabas tu mano
y me exigías desde lejos
un lugar para mirarte.
Hoy he sucumbido a tu ruego,
me detengo en tu retrato,
mudo ahora.
Entonces no sabía de tu flaqueza
ni de tus miedos,
tampoco de esa incapacidad para hablar...
No recuerdo el beso de tus labios
sobre mi mejilla de niña buena;
y el retrato de familia feliz
nunca quedó colgado en mi memoria.
Pero hoy me pides este hueco
y tuyo es...

Besos al pan

Le doy besos al pan
antes de tirarlo, sí.
Lo vi en mi abuela,
lo reconocí en mi madre
y ahora soy ellas dos cuando lo hago.
Es un gesto de pobreza, de culpa,
la necesidad de recordar el hambre,
aquella que padecieron,
la que puedo padecer en cualquier momento.

—No se tira el pan, niña,
y se besa si hay que tirarlo
—decía mi abuela.

y así lo hago…

PARECIDOS

Con el tiempo me dicen:
«Te pareces a tu madre».
Y no puedo sino sonreír y asentir,
pensar en el útero materno,
en el trasvase comprometido de
sus células en mí,
toda yo corriendo por su savia.
Claro que me parezco a mi madre,
cada día más…, y sonrío.

De pequeña recuerdo el desayuno
—leche y magdalenas empapadas—,
mientras ella me peinaba
con la prisa de las madres trabajadoras.
¡Qué rebelde fui en la adolescencia!
¡Qué empeño en ser mejor a ella, diferente!
Ahora lo veo en mis hijos,
con esa paciencia de la maternidad,
los miro y me veo en ellos también…
«No hay que alarmarse si no los entendemos»,
decía Dylan…,
pero muy adentro los entendemos, claro que sí,
ellos harán lo mismo.

Poco a poco, me voy pareciendo más y más.
En el rostro, redondo y dulce,
con la sonrisa a pesar de los años.
En los ojos, en ese brillo maternal que surge tras
la primera falta y que nunca nos abandona.
Pero también en sus manos, abreviadas por el tiempo,
en sus brazos, en la curvatura del tiempo.
De pronto, me oigo robar sus palabras,
sus refranes, hasta su verborrea interior.

Y, sí, me voy pareciendo a ti, madre,
y lo sé y sonrío con la ternura
del orgullo.

INVISIBLE

Que ya no tengo veinte años...
lo sé, y lo siento,
pero no he de pedir perdón por ello,
ni siquiera tengo que bajar la mejilla;
y no pidas que me oculte...,

—pues aún transito en la sal de los besos,
con la piel erizada y el sexo húmedo,
y me distraigo con la febril noche de agosto,
con la brisa, el sudor y la música,
y un olor a juventud
que me rabia entre alturas—.

La jornada

La trampa del día comienza en la cocina
con el suave desayuno
—cada día más nuestro—:
café cremoso y aroma de canela,
pan sarraceno tostado y miel,
¡qué necesidad del goce desde la aurora!
En sus dos tazas, confabulamos, amor,
el día que nace.

Las horas, a veces losadas y a veces desnudas,
llegan para agotarnos,
para sucumbir a este engaño.

El artificio de la jornada termina
con la calle vacía y las aceras solitarias,
con la luz ambarina en los portales
y en el presagio vacilante
de un nuevo compromiso para mañana…,

pero antes está la noche
y su vuelo incierto…

LA SED

Son las 3 a. m. y tengo sed,
tengo un vaso medio vacío sobre la mesita.
Mi cama adolece en su oquedad,
y dentro, sobre la sed, una sed mayor.
Y la noche que se agota vacante.
Y las ganas que emergen insatisfechas.

LAS PEQUEÑAS COSAS

Me reservo para la mañana,
para el nacimiento de esa rosa
o el canto de aquel mirlo.
Me reservo para tu sonrisa y tus buenos días.
Para el ajetreo de los gorriones
que acuden a mi jardín.
Reservo mis ojos para este cielo azul
y su mañana de nubes tapizado.
Me reservo para este día que nace
y avivo la esperanza de encontrarte
en estas pequeñas cosas.

Poeta de hogar

De nuevo en la cocina para buscarte.
En este habitáculo heredado tengo lo necesario:
palabras que son ingredientes,
platos como versos
que saben esperar su fuego.

Cuando encuentro el gusto exacto,
la cocina parece abrir paredes…

Y así, entre cacerolas y papeles,
le tomo el tiento a la vida
y voy cumpliendo en silencio
un pacto que nunca prometí.

El baño

Pienso en la ceremonia del baño,
desnuda frente al espejo,
ruborizada ante mi propio cuerpo.
¿Queda algo de esa joven que fui?
Las cicatrices me cuentan una historia que no olvido,
derraman una luz incierta sobre valles oscuros.
En el suelo, mi ropa se desliza
con la ternura del despojo
y el agua que cae sobre mi piel
como un día de lluvia.

A MÍ MISMA

Yo vine al mundo un 20 de diciembre
o el mundo vino a mí.
Llovía aquella noche de un invierno
recién estrenado,
a poco, daría la medianoche
y soy por entera una criatura nocturna.
Las manos en el oficio de partera
me sujetaron en el primer viaje.
Dicen que lloré como todos,
pero sé que lo hice como nadie.
Vine al mundo a recorrerlo,
a darme desde entonces
entera y por pedazos,
a cumplir con la promesa de la vida.

Silencio

Ando buscándote, silencio,
cierro los ojos
y, en plena oscuridad,
planeo la paz de tu nombre.

BATALLAS

No hay piel para tanta batalla,
y no es metáfora, es real...
Una cicatriz esconde un vacío materno
que nunca volverá a ocuparse,
y esa batalla la perdí, no soy guerrera,
voy resistiendo...

El corazón también lleva
suturas que el amor merece.
El corazón se rompe y se recompone
con el tiempo, con la resiliencia de los días...

Tus destrozos, amor, aún no los he cosido,
aún duelen, aún supuran...
Pero yo resisto, no soy guerrera,
soy mujer, con eso basta...

COTIDIANIDAD

Amo los días iguales,
esa hermosa cotidianidad
que nos desvela el misterio único de la vida.
Amo tus días iguales junto a mí,
tus ojos idénticos en la mirada,
el beso repetido y único de tus labios,
las mismas manos con distintos surcos,
el mismo cuerpo,
el mismo amor eterno de todos los días iguales
y, sin embargo,
qué distinto y placentero cada día
es este amor cotidiano.

Me dices

Me dices
Amor, y quiere mi vida
Remar contigo.

Me llenas con tu amor
y te me ofreces al día con tu sonrisa liviana,
y una llama súbita nos consume
cuando me dices «amor» y yo te respondo.

La espera

Me espera tu risa cuando la tarde acaba.
Me espera tu abrazo cuando regresas.
Me esperan tus ojos como dos ventanas a lo eterno.
Me espera tu boca con tu risa, con el idioma del día,
con el paréntesis a la monotonía.
Me esperan tus manos abiertas
y tu risa, y tu boca, y tu abrazo...
Todo tú me espera
y la luz entra en el hogar

cuando tú abres la puerta...

Enamorada

Reservo mi piel
para tu risa de primavera.
Reserva también tus labios
para mi boca enamorada.

EL NAUFRAGIO

Y se juntaron las aguas
y todo fue mar para el naufragio.
Desde entonces, el cristal de mis ojos
quedó cubierto por la niebla de tu nombre
y, en sus letras, la historia inacabada
bajo un arco infinito.

El amor

Qué es todo lo que importa:
descansar en otros ojos,
encontrar la paz, el universo adentro,
oír su llamada,
sentir el abrazo,
derramar quizá una lágrima
y recibir una sonrisa siempre,
decirle «te amo»,
entender, entonces, el amor...
y sentirlo todo en ese instante.

La gota de lluvia

Mi dedo persigue la gota
que sobre el cristal ha encontrado el camino,
aguardo tras la ventana
y siento en mis ojos
las esperanzas del día.
Un aroma enraizado perturba mis pensamientos:
sobre el amor la nostalgia,
sobre los recuerdos la infancia,
sobre la maternidad mis hijos,
sobre la culpa mi cólera,
sobre la mujer imperfecta que soy
el camino por descubrir...
y, pese a todo,
qué perfecta la lluvia.

La esperanza

Si te he fallado en algún momento,
hago la promesa de no volver a hacerlo.
Prométeme tú
que también lo harás conmigo.
Si vuelves a caer en las noches,
te compraré de nuevo
un *billete a la esperanza*.
Si no puedo alzar el vuelo,
si en lugar de besar el agua
naufrago en ella.
Si no puedo más…
Hazme la promesa de tu presencia,
que yo te sienta sobre mi piel
como la brisa tierna de primavera.

EL ENCUENTRO

Encontrarte fue fácil,
estabas esperándome en el alba de los días,
solos en la vuelta de aquella esquina
y con veinte años en la mirada.

La vida entera para crearla.

Fue fácil enamorarme,
nadé en tus ojos con la torpeza primera,
saboreé las tímidas palabras del amor,
sonreí sin miedo,
te besé sin sospechas,
loca y mordiendo la fruta
antes de la vendimia…

—Qué fácil fue encontrarte,
lo difícil fue protegerme…—.

La respuesta

«¿Lo has encontrado?»,
me preguntó sobrecogida.
«¿Lo has buscado acaso?»,
insistió de nuevo.

Pero nada pude decirle
a la mujer que rastreó en la herida,
tratando de buscar asilo
en la noche más estrellada de todas.

LETANÍA

Finjamos los viajes que soñamos,
llenemos maletas,
tachemos días del calendario,
señalemos otros,
escribamos sobre el color de la naturaleza,
vivamos, vivamos para nosotros.

Soñemos con el monte blanco
y con el verde estupor de la vereda.

Encontremos una palabra que lo nombre todo,
que la noche nos traiga las respuestas,
que el amor sea costumbre y sea mudanza
y que el día, en su oquedad,
merezca ser completado.

El espejo

Tengo un espejo que me quiere bien,
me ama con todas mis heridas.
Le pone nombre a las cicatrices
y algunas duelen más que otras.
No temo darles luz.
No siempre las quiero a oscuras,
aunque es la noche el refugio de todas ellas.
Y vuelvo sobre sus historias,
viejas pero remozadas,
con emociones aprendidas
para volver a escribir sobre ellas
con dolor y con alas.

TU PECHO LA PROA

En el verano vuelve a ser el pecho una proa
a la que acuden mares de cielo...;
FRANCISCO UMBRAL

En el verano, la naturaleza toda me invade
y es el mar, y son tus ojos,
y el agua salada que cura aquel rigor de invierno.
En el verano, me habla la naturaleza.
¿La oyes?
Son todos los sentidos juntos los que me hablan,
nos miramos y nos incendiamos en verano,
nos tocamos, el roce de tus manos sobre mí, entera yo,
y me cantas al oído.
Son nuestras las canciones que suenan ahora.
No dejo atrás tu olor, salitre sobre tu piel
que mis labios se han empeñado en lavar
beso a beso, buscando en tu pecho la proa.

Alquimia

Tú me das y yo recibo,
a cambio, te prometo vida eterna.
Para obtener algo, he de perder también,
que no sean las ganas de vivir...
Que el sufrimiento se trasforme en sabiduría,
yo dispongo de la alquimia de la palabra.
Que el amor sea el resultado y el ingrediente que no falte.
Que sea mujer antes que madre,
y ser lo mejor de mí para mis hijos.
Que yo sea la amante requerida, la ofrecida,
y tú, en mi vida, el ofrecimiento.
Que la magia supere a la ciencia,
esa magia que proyectan tus ojos
y que habita en mí cuando los miro.

II

... y crecieron alas del dolor...

... te pesaban las alas...;
JUANA CASTRO, *DEL DOLOR Y LAS ALAS.*

Tenía alas en los pies...
Nosotros se las pusimos al nacer.
Pasó de puntillas por la vida,
y en su oquedad seguimos tras su vuelo;
MAR GONZÁLEZ, A DANIEL.

La buena esperanza

Mientras yo te hilaba,
tú crecías con la esperanza del futuro.

Mientras prosperabas, hijo,
en el paraíso de mi vientre,
formabas, sin saberlo,
el único universo posible.

Mientras movías las aguas de la vida,
yo preparaba tu alumbramiento,
tejía sin reparo tu vida entera,
te oí crecer adentro,
inmenso, llenándolo todo,
todo tú, mi niño, dentro de mí,
todavía, ahora,
en esta oquedad pura.

Te he tenido que parir de nuevo,
he sacado del recuerdo el dolor y el amor,
los he lavado con la paciencia del agua
y, hoy,
tienes la mágica sonrisa de la vida nueva
más inmensa que toda yo...

Te has hecho rey en mi pecho,
lo inundas, lo comprimes y lo extiendes
como aroma de jazmín en la mañana,
sé que has venido para deshacerme en el caos
y sé que volverás a ocultarte
porque yo te cubriré de niebla
otra vez...

Una tristeza compartida:
la lluvia y yo.
Se mojan las aceras como se humedecen mis mejillas.
Una niebla ronda calle arriba
y mis pensamientos no encuentran tu luz.
Me falta tu sonrisa, sabes,
tus ojos de color impreciso,
las palabras que nunca me dirás.
Sin embargo, siento que recorres mi cuerpo
y toda yo me estremezco en un instante.

Cómo te echo de menos,
mi niño de niebla…,
tu ausencia: una pena tejida
en noches calladas como esta.
Solo en mí existes,
solo si yo te sueño,
niño del alma mía.
Y se suceden los abriles
en esta eterna primavera que no llegó.
Y las cuentas fallaron,
llegaste con la prisa de marcharte.
Y esta pena de madre incompleta
quedó atrapada
en aquel febrero gris
ya huérfano de calendario.

QUINCE DE OCTUBRE, SIETE DE LA MAÑANA

Despierta en el baño, pienso en
ese duelo silencioso que ya tiene su mayoría de edad,
con los pies de puntillas veo la mañana
nacer en la ventana.
La brisa otoñal me ha traído el regusto de la nostalgia
si la lluvia apareciera
si ese olor a tierra mojada
si esas suaves brisas te trajeran de nuevo.

Sin embargo, hoy,
el día ha girado a plomizo:
el hospital, los resultados,
los años, los cincuenta otoños que avivo,
las hojas caídas, como sueños,
y la brisa suave que se empeña en emerger
atada a tu recuerdo.

Si solo...

Si solo con mirarte yo detuviera el tiempo,
si solo con decirlo, con pensarlo,
el tiempo se detuviera en este instante.
No tengo futuro más allá de tu deseo
y el pasado se ha grabado con el don de la memoria.
Si solo con mirarte a los ojos yo adivinara
qué palabras tienes guardadas para decirme,
con qué deseo vendrás a buscarme,
cómo puedo tenerte y dejarte libre.
Yo te miro y me entrego,
pero qué difícil es no afanarse a la vida
que ya no me pertenece.
Y la palabra *amor* me invade desde el inicio
y tu sangre reposó en mis venas
y, si me detengo a mirarte,
cómo no atarme a ti
siempre y en todo lugar...

La vida me asalta en todas partes
por eso la escribo;
BELLA ORIA, *DÍAS DE TRÁNSITO.*

Hay quien tiene la suerte de ver poesía en todas partes…;
JOSÉ MARÍA MICÓ JUAN, *LETRAS PARA CANTAR.*

La Poesía existe para el poeta en todas partes,
excepto en sus propios versos;
GERARDO DIEGO

El mar

He conocido tu fuerza.
Tu golpe rotundo sobre las rocas,
la advertencia al peregrino
que busca en el abismo de tu nombre
todas las respuestas a la soledad de sus noches.

Y, hoy en la distancia,
lloro tu ausencia.

Otoño

Las palabras se amontonan
en esta tarde primeriza, otoñal,
de finales de septiembre.
Quieren salir airosas,
pero mueren en las aceras,
las oigo al pisar,
son quebradizas,
como yo misma en este instante.
Traen historias que el propio viento les susurra
y, así mismo, con brisas nuevas,
se irán.

EL ENTENDIMIENTO

Hoy he visto una señora sentada
en la escalinata de la iglesia,
con un cigarro entre los dedos y
setenta primaveras en su rostro.
Jugueteaba con un gato joven,
un felino negro como la noche.
Sin palabras se han acariciado
y han entendido la vida;

                              yo también...

Julio

Las uvas entre la parra
y el durazno ya aterciopelado,
y una calor que no da tregua
para estos besos excitados
que sufren la luna de julio.

Fue julio entonces, como lo es hoy,
y trémulos aquellos fonemas
para nombrarte sin conocerte,
tanto que sonaron a historia viva
las palabras que de mi vientre surgían.

Elegía para un gorrión.
13 de abril de 2024

Un golpe rotundo y seco
y un traje nupcial desplomado;
debatió por última vez sus alas
y me regaló su hálito final.

El pecho henchido, aún tibio,
en mis manos quedó su vida;
en sus plumas,
la orfandad de la mañana.

PATERNIDADES. MAYO, 2025

Un pequeño gorrión se ha hospedado en mi patio
y sus padres, solícitos, lo alimentan.
Se ha buscado el tiesto fresco de una maceta,
no necesita nada más.

Cada día, se prodigan alertas y demandas.
Ya tiene plumas, pero aún se espera su vuelo.
No salimos al patio,
pues sabemos de sus miedos,
también, de su frágil historia.

La vida se nos ha venido de golpe
y todos, en casa, nos sentimos padres de ese pequeño,
parece el último vástago de la puesta
y la esperanza ha llenado de trinos
este patio blanco
y estos corazones nuestros.

INTEMPERIE

Ahora es verano y el banco te acoge,
o tú lo abrazas.
Para dormir un lecho de papel
y todas las estrellas del cosmos.
Con los pies descalzos y sin almohada,
con el rezo vespertino,
sin tormentas, sin amigos,
sin ojos en los que reflejarte,
con tu soliloquio diario,
con la locura de los días iguales
y con la esperanza aún por perderse
entre los sorbos de ese vino febril.

Ahora es verano
y los dioses te prodigan ventura,
ahora las noches te son favorables…

Mi fuente

Una fuente en el jardín,
vieja fuente por el musgo revestida,
escondida entre jazmines,
fuente de verde agua,
mar de pececillos,
despensa para mirlos.

Epifanía de primavera

La primavera viene este año más hermosa que nunca: amapolas por doquier y siemprevivas adornan los caminos. Los árboles, de un verdor urgente, mueven sus ramas y permiten al caminante, cuando sopla el suave céfiro, grabar en la retina el envés plateado de las hojas. Escondida bajo su entramado arbóreo, una primera puesta de jilgueros reclama, con párvulo trinar, la atención a padre y madre. Más allá, en la pequeña fuente, ahora cantarina tras las últimas lluvias, se muestra con elegancia un reguero de gorriones sedientos, como si un collar de perlas fuera. Beben los gorriones y por turnos los mirlos, y en el agua clara una gran familia de boguillas se altera bajo las sombras de sus visitantes. Sobre la fuente ha nacido la primera flor de un jazmín que promete hermosura y fragancia. Sus blancos pétalos y su diminuta perfección atraen a las abejas zumbonas, que no han reparado en esta espléndida primavera que les ha nacido entre los meses de abril y mayo.

El sol descorre la rabiosa luz sobre la espesa hierba y alumbra sin mesura un escenario bucólico que atrae e hipnotiza. Le ha susurrado a la luna que sea llena, que ilumine con rabia, que una dama de noche le hará la velada más mágica y perfumada. Y ella, sin compromiso alguno, con su intenso perfume, atraerá indulgentemente a mosquitos, polillas y criaturas nocturnas; y, si la suerte la acompaña, aparecerán enigmáticos los murciélagos con sus bailes ancestrales.

Y así, embelesados, cautivos, extasiados, asistimos displicentes al triunfo de la naturaleza cada año, cada primavera y siempre única, mostrándose reina y señora de toda vida sobre la Tierra.

Mi jardín

Tiene mi jardín una fuente que murmulla; solícita, se derrama entre fluidos y agua fresca. La acompaña un granado a quien solo le vive un fruto, madura lenta la granada, se regocija en el tiempo, toda la savia es suya, el trono le pertenece.

Dos parterres más allá un almendro hermosea con sus dos hijos…, en dos almendras siente el orgullo de su especie, el viento las balancea y se agarran con fuerza las esperanzas.

El naranjo tiene otros asuntos, dejó caer el azahar en días de lluvia blanca y el aroma hipnotizó el panal de la espesura. Sin embargo, de tanta abundancia, solo una hermosa naranja persiste el rigor de julio y aquí, en nuestro hogar, nadie pretende airarla.

El jardín tiene su vida y cada día me cuenta sus historias, me pide agua, sol y paz y yo lo mimo con la delicadeza de la mañana, sostengo la mirada para buscar entre sus habitantes ese pequeño brote de anhelo y ofrecimiento.

LOCA ESCRITURA

Roja sobre este papel derramada
la sangre de estos versos,
como una rosa en vuelo abierto
y que en rojo siente y sueña.

Abierta en pétalos la rosa,
la flor que el dragón requiere.

Rojo sobre este papel albino,
canto agónico en letras rojas,
palabras inciertas, palabras libres,
para ahogar en ellas
el sueño de la nostalgia.

Desidia

De allí nadie volvía
y ahí residía el misterio.
Cruzó el bosque de pinos
y bordeó los juncos de la orilla.
Del camino, lirios y amapolas
sobre su falda, entre su pelo.
En sus manos, el tiempo detenido
y en sus ojos la esperanza.
Y un secreto oculto
bajo siete llaves…

ella nunca volvió…

ÁNGELUS

Son las 12:00,
oigo el repique de las campanas
y mi pecho parece que estalla,
se emociona,
se expande y se contrae
bajo altos designios.

Sístoles y diástoles acompasadas,
sin tomar conciencia,
pero acudo a tu llamada.

UNA HISTORIA

Una historia de amor
quedó abandonada
sobre la mesa de un café
—yo la vi—.
Asfixiada entre cigarros y cervezas,
entre una lágrima y su silencio,
sumida y ahogada en el bullicio del bar.
Quedó en suspenso sobre el rostro
de aquel joven, que, sin reclamo
ni esperanza, recogió los despojos
de su anunciada derrota.
Trata el naufragio como un vuelo perdido
entre afectos,
como una prueba de fe de vida.
Un capítulo, unas páginas, unos versos
que serán parte y promesa
de sí mismo.

Paseo por el parque

Una tímida palabra
nombra el fulgor que ocupa
el espacio finito entre las hojas caídas,
nombra los haces de luz rectilíneos
que, sobre y a través de
ramas en un bosque de pinos,
sueños en la ribera de plata parecen.

Pausa

A veces, los días vienen con la prisa
de las horas,
con las ganas de morder la vida
y engullirlo todo.
Sin embargo, pronto adivinas
la hermosura del tiempo detenido,
en una fotografía,
en un café, en una mirada, en un abrazo,
en el olor a vida que emerge de ese mar
que llevas dentro,
con su espacio y con su tiempo.

Un clavel

De la tierra surge la flor ribeteada
con la mordida de amor en sus pétalos
y, como un compromiso sangrante
entre los lirios, yergue sus tributos;
entre los deseos de una joven,
un clavel se le ofrece.

En sus nudosos tallos, sostenido
el pensamiento anida
y, en la mano enamorada,
atrapados el olor y la nostalgia.

Singularidades:

... decálogo...

Una: el rojo prestado de las amapolas de camino a casa, diseminando de sueños el trayecto, también mi alma...

Dos: compartir la mañana con los inquietos gorriones, demostrarle al día que yo también tengo alas...

Tres: seguir el trazado de una hoja que avanza calle arriba, balanceada por el viento, sin destino, pero intrépida..., la comparo con mi vida...

Cuatro: mirar al cielo y ver en las nubes un escenario hermoso, quisiera tocarlo, ¡dame la altura, vida mía...!

Cinco: besar una piel recién estrenada, oler la maternidad de nuevo, tomarle el peso a la vida sabiendo que tú estás conmigo.

Seis: ver a una joven pasear con la vida en alto, yo también fui joven, lo tengo grabado en mi retina. Te aconsejo que tú también la muerdas...

Siete: un clavel rojo en puro doblaje de amor, regalo de unas manos comprometidas.

Ocho: la ofrenda del nido entre naranjos, melodías para una calle ancha, ¡Valle de la Fuente!

Nueve: la luz plateada desprendida de una torre que brilla entre repiques y campaneos, alzo la mirada y la distingo como singular guía de lo cotidiano.

Diez: clavar los pies en la plaza y el sol ardiendo en tu sonrisa. Nada más.

Valverde del Camino, febrero, 2024:

Hoy es un día gris del mes de febrero y estoy sentada en compañía del fuego de nuestro hogar, porque es tuyo también; y aquí intento conjurar secretas palabras para conseguir la magia de tu presencia. Los días, los meses y las estaciones se suceden impasibles a merced de un tiempo que se agota y que ya lo siento como una losa.

Fue un febrero frío el escenario de tu partida. Una mañana, apenas despuntada, traía como presente un rocío de espinas y tu nombre desaparecía de mis labios sin apenas nombrarlo. El destino, ese que yo pedí para ti, se quebró antes siquiera de comenzar. Si al menos hubiera rozado tu piel de lirio, si tus dos luceros hubiesen iluminado mis ojos, si hubiera podido pactar con mayor suerte tu destino, tu vida entera, tu regreso; hoy sonaría tu nombre y dejaría de ser una tibia niebla sobre tu recuerdo.

Tu nombre, cómo desearía oírlo de mis labios y que llegara a ti para después regresar a mí como una suave melodía. Y correrías hacia mis brazos, apretarías tu pecho contra mi corazón, volverías al centro mismo de mi vientre, porque naciste de mí y a mí quiero que regreses, ¡cuánta felicidad de madre...!

Hoy se ciernen las palabras sobre mí, aquellas que nunca te dije siguen el ritual de su fuego, hiriendo desde dentro y sobre el instante, y dibujan en mi centro mismo tu imagen única. Cuánto amor quedó acunado aquella mañana de un febrero gris y huérfano de aliento. Se quedó esperando el beso de la mañana, el beso de unos labios que ya tardaba nueve lunas. Y añoro aquella felicidad que quedó atrapada en una jaula de sueños no cumplidos.

Hoy, como todos los días, espero que tu imagen vuelva sobre mis pensamientos, y me alimente, y haga recorrer tu savia inédita entre mis venas; y que el amor, ese que nos robaron, y que encierra esta fotografía que ahora sostengo, sea un vínculo inquebrantable entre tu corta existencia y la mía. La vida que no gastaste sigue virgen, esconde entre sus líneas amor, risas y juegos; se expande y contrae a merced de mis pensamientos, también de mis sueños.

Espero el día en el que volvamos a encontrarnos, pues nacerán sin tiempo la boca de tu risa, las manos de tus juegos y tu nombre, tu nombre será la nana de mis labios.[1]

---

1 Carta premiada con el primer premio en el XIII Certamen Internacional de Cartas de Amor de la ciudad de Valverde del Camino. Huelva. 2024.

ÍNDICE

*Este libro se terminó de imprimir
en Febrero de 2026,
cuando las violetas y las prímulas
floreaban los campos.*